2025년 11월
김일우 드림

국어사전이 기가 막혀

국어사전이 기가 막혀

김일우 시조집

세종출판사

| 시인의 말 |

첫 시집을 낸 지 10년이 흘렀다. 올해가 졸업 60주년을 기념하는 해라고 팔순이 된 고등학교 동기들 사이에 이런 저런 말들이 오간다.

그 동안 참 많은 일들이 있었다. 글벗 연근이도 저 세상으로 가고. 이제 시조를 쓰는 ≪白地≫ 동인은 여기 나 혼자 남고. 연무는 미국에서 소식도 뜸하다.

문득 창을 연다. 참으로 포근한, 첫 키스를 나눈 밤의 그 하늘처럼 별이 반짝이고 있다. 시간을 가로지르는 별빛. 그 별빛을 거슬러 올라 간단없이 일렁이는 의식의 너울이 몸을 덮친다.

고울 수도 있는 아련한 추억들이 생채기로 다가오는 건 거꾸로 가는 오늘 이 세상이 새삼 부끄럽게 느껴지기 때문이다. 너희가 지녀야 할 세상은 이런 것이 아닐 터인데 해맑은 손자 놈의 미소가 아프게 다가온다. 세상을 술잔에 담아 마시고 또 마셔도 취하지 않는 병. 실컷 앓아,

그래서 바보처럼 웃고 지랄이라도 해보고, 그랬었지 그 때는.

   잊혀 질 수 있는 다행으로 하얀 자국을 남기며 바람이 지나고 있다.

   문득 60-70년대 ≪白地≫ 동인지를 만들며 다들 자기작품 밑에 「남은 말」이라는 칸을 만들어 이를테면 시작노트 같은 것을 넋두리처럼 남겼던 기억이 난다. 세상을 살아가는 족적足跡… 그 「남은 말」로 아직도 시를 쓰고 있지만. 우짜노, 나는 그냥 문디 선머슴아. 이제 절망할 수밖에 없는 언어를 혹사하지는 말기로 하자.

   봄을 깨무는 꿈속에서 내 작은 詩心은 잠을 떨치고 있는가.
   아무래도 나는 풋감 같이 떫은 시밖에 쓸 수 없나 보다.

2025년 가을
김 일 우

| 차례 |

시인의 말 / 5

제1부 하느님 맙소사

섣달그믐에	13
항해를 떠나며	14
술 권하는 밤	15
하느님 맙소사	16
물레를 돌려 실을 뽑다	17
4월에 내리는 눈은	18
눈 오는 날의 되돌이표	19
우수 무렵	20
봄이 오면	21
겨울밤에 생긴 일	22
하산	23
여생餘生이란 것이	24
별 사랑 별 둘	25
밤을 타는 비	26
여름밤의 묵상	27
귀책사유歸責事由 없음	28
귀책사유歸責事由 있음	29
이삭줍기	30
혹서기酷暑期	31

제2부 뒤척이는 서동요薯童謠

국어사전이 기가 막혀	35
낙엽이 얘기하는 것은	36
산사의 밤	37
나목이 노래하는 것은	38
둥지 떠난 아기 새	39
간이역에서	40
마! 함 해 보입시더	41
지리산 단풍	42
밤이 더 긴 날에	43
12월의 무제치기	44
사람 찾기 힘드네	45
꼭두각시	46
산길을 벗어나서	47
산사에서	48
까치밥	49
겨울나무 이야기	50
추억이라는 것이	51
서운암 산법算法	52

제3부 울음을 웃음으로 울다

아침결에 포구는	55
노을 지는 저잣거리	56
별자리 산수算數	57
달빛 속에 묻힌 정을	58
이 겨울 술래잡기	59
이런 세상 이 나이에	60
지리산 겨울 별자리	61
겨울 그리고 강	62
오수를 즐기다가	63
봄은 봄인데	64
내 안의 풍경	65
석탑의 묵언	66
춘분이라 하네	67
봄이 가는 이 산길에	68
가을 광상곡狂想曲	69
인생 습작 어딘가에	70
귀향	71
사월에 눈이 내리면	72

제4부 아가야 그게 그렇단다

숙제를 묻다　　　　　　　75
그림엽서　　　　　　　　76
아가야 그게 그렇단다　　77
찔레꽃을 보네　　　　　　78
독야청청 獨也靑靑　　　　79
봄날에　　　　　　　　　80
거울아, 거울아　　　　　　81
소복素服 아, 그 여인　　　82
입추소고　　　　　　　　83
이 가을 내 노래는　　　　84
거울로 보는 세상　　　　　85
동무생각　　　　　　　　86
이 가을이 쓰는 노래　　　87
가을 단상　　　　　　　　88
돛배　　　　　　　　　　89
주전자 옆 잔 두 개　　　　90
늙은 장터　　　　　　　　91
어느 보육원의 소녀　　　　92
서낭당 바위　　　　　　　93

제5부 이별연습

이별연습 13	97
이별연습 14	98
이별연습 15	99
이별연습 16	100
이별연습 17	101
이별연습 18	102
이별연습 19	103
이별연습 20	104
이별연습 21	105
이별연습 22	106
이별연습 23	107
이별연습 24	108

● **작품해설 | 임종찬 / 109**
 원로의 깊고 고요한 사색 - 김일우 시인의 경우 -

제1부

하느님 맙소사

섣달그믐에

하룻밤이 너무 길어
빨리 가라 그랬는데

이제는 붙잡아도
가버리는 섣달그믐

바람이 살포시 웃으며 일러바친 내 나이

달빛 지운 어둠이
자꾸 나를 두드리고

대꾸하기 싫습니다 그냥 눈을 감습니다

오늘이 내일이 되어
꿈속에 묻힙니다.

항해를 떠나며

아무렇게 덧나 웃자라난 시간들을

유품인 양 거두어 뱃머리에 뿌려두고

무엇을
읽으려 덤비나
잊어버린 기도문

파도가 볼 비비며 뒹굴던 저 하늘을

노을은 바보같이 풍경으로 토하는데

당신은
햇살 한 점 찍어
먼 바다를 거닐고

술 권하는 밤

새가슴 텃밭삼아 심어보던 이야기들

싹이 나고 웃자라서 뒤엉켜 뒹구는 밤

버려둔 잡목은 뻗어 가지 끝에 별을 달고

하느님 맙소사

산불이 휩쓴 자리
이슬 먹은 풀 한 포기
바람도 목이 메어 잔불에 서성대고

눈물이
마른 가슴 어디에
배어 있을 꿈의 자국

어린 날 별을 좇아 오르던 산등성이
한 모금 샘물로 목을 축인 세월 저편
이 세상 어딘가에는 오고 있을 가랑비

시간이 준 행간을 읽을 수는 없어라
간지럼 타는 꿈을 애써 끓어앉히면

아이고
그건 아니라 하네
하느님 맙소사

물레를 돌려 실을 뽑다

거울 두고 마주보며 물레질을 하고 있네

풀려나는 실을 주워 수를 놓아보고

옛 사람 손바닥에 파인 손금 같은 꿈을 따라

맞아야 안 아프고 안 맞으면 아프다고

밤을 재촉하며 소쩍새는 울음 울고

사랑은 마주보는 것이 아니라던데, 글쎄

4월에 내리는 눈은

봄이라서
눈물로
부서지고 마는 꽃잎

멱을 감는 청상
추억으로 피는 알몸

에돌아
가슴에 흘러들어
바람을 깨우는 빛

눈 오는 날의 되돌이표

서로 다른 꿈을 꾸다 깨어보면 같은 아침
눈이 부신 것은 눈[雪] 탓만이 아닌 것을

바람이
지나고 있다
꿈결처럼 하얀 자국

저잣거리 뒹구는 이름 하나 얼른 주워
입덧이 난 추억을 덧씌워 문지르면

자꾸만
돌아가라 하네
내 인생에 놓인 악보

우수 무렵

가는 듯 돌아서는 떫은 사념들이

잊음도 소망처럼 가슴에 샘[泉]을 파고

제 탓에 부끄러운 알몸에 생떼 쓰듯 흐르는 체온

한 자락 바람 떨쳐 하얗게 물들이고

눈 녹듯 흘러내리는 달빛을 훔쳐보면

이 무슨 우연일레라 피어나는 꽃내음

봄이 오면

얼음 풀린 개울에 내 마음 띄워보네

바람 실어 나르고
햇빛 실어 나르고

울 엄마
웃음도 실어
저 하늘도 나르고

겨울밤에 생긴 일

정초에 뭘 했더라 생각도 안 나더니

아득한 옛일만 새록새록 떠오르네

웃다가 눈물이 나서 바람 탓만 하고 있다

마누라 잔소리에 겨울밤이 짧은 것은

맞아도 아니 아픈 내 인생 탓이려니

자리끼 물 한 모금을 달빛 적셔 마셔본다

하산

세상 내음 비켜나서
산 내음에 취했는데

어인 삶의 비린내
이리도 더딘 발길

지나온
발자국마다
고여 오는 저녁노을

여생餘生이란 것이

금이 간 거울에다
남은 속을 비춰보다

친숙해진 어둠을 애써 밀어내면

장터에
떨이로 남은
꿈은 누구 몫일까

별 사랑 별 둘

네가 보고 싶다
나는 눈을 감는다

한 올 빛살마저 가슴에 저며 넣고

그림자
마저 지워야
그래야 보이는 너

내가 사는 이 땅에 너는 늘 함께 있어
숨소리 하나라도 나누어 가졌는데
이름을 지워야 하나 그래야 보이는 너

아주 오래 된 포도주 향기 같은

잘 익은 기억들이
눈썹에 구르는데

그 내음
마저 지워야
그래야 보이는 너

밤을 타는 비

짝 그리는 처자處子
알몸을 훔쳐보나

눈 흘기던 바람은
잠자리를 뒤척이고

가다가 쉬어도 좋을
그런 밤을
타는 비

여름밤의 묵상

봄을 읊던 그 자리
봄은 이미 없는데

그냥 붉은 엉겅퀴 그 옆 하얀 민들레

이름을 벗어 던지고
달빛 맞아 곱구나

귀책사유歸責事由 없음
- 유년의 소환

어둠 속 홰를 치는 이 세월이 민망해서

표정 없는 반달을 애써 보듬으면

한 꺼풀
벗어버린 기억이
냇물에 잠겨 들고

바람 소리 하나에도 알몸으로 흔들리던

그 환한 부끄럼을 밀물처럼 들이쉬다

돌아갈
길은 어딘가
장승처럼 나는 서고

귀책사유歸責事由 있음
- 달빛 소환

길을 잃은 달빛이 봉창을 두드리면

문득 마주하는 우리나라 먼 나라

인고의
책장을 넘기네
껌벅대는 새벽별

내가 잃은 꿈이라면 찾기라도 해보고
행여 잊힌 꿈이라면 불러도 보겠는데
달빛에 허울만 남아 꿈은 꿈이 아니더라

잃어버린 새벽을 어디에서 찾을까

선산 등 굽은 나무 이파리에 미동하는

침묵의
함성을 불러
소환하고
달빛을

이삭줍기

주워볼까
버려둘까
제 탓에 흩날리는

은혜로 이름 지어 하나쯤은 남았을 빚

마중물 가슴에 부어
숨은 그림 찾아볼까

혹서기 酷暑期

정물을 대하듯 세상 밖을 볼 수밖에

거미줄에 걸려 초승달은 파닥이고

달빛이 쪼개는 어둠은 제자리를 잃었다

언제나 그랬듯이 절기만 더듬다가

없는 놈 살기에는 그래도 여름이 낫지

어미는 달력을 말아 세상을 훔쳐댄다

숫자 놀음으로 부유하고 있는 세상

제 살을 핥고 있다 제 탓에 취한 이 밤

참으로 다행스럽게 저 별은 반짝이고

제2부
뒤척이는 서동요薯童謠

국어사전이 기가 막혀

들풀이 무성해도 들숲이라 하지 않고
산림을 찾아보면 풀들은 숨어있고

제 탓에
허허거리는 저 풀들을 어쩌나

숫자가 뭐라고 제멋대로 뜻을 바꿔
제 탓과 남의 탓을 거꾸로 읽고 있는

아 오늘
여의도 상공에 가나다라마바사

살림살이 쪼들려도 하늘 탓만 하지 않고
품을 단어 하나 찾아 떠도는 민초들을

어쩌나
이름 그대로 불러줄 이 없으니

낙엽이 얘기하는 것은

머무를 자리는 밤새 안녕하더냐고

파닥이는 아침 더러 낙엽이 찡긋하네

세상을
벗어버리고 나면
세상이 다 누울 자리

산사의 밤

석탑은 하늘 두고 별빛에 손짓하고

어둠에 실려 가다 바장이는 바람 한 점

내 안을
들여다볼까
찾을 거나 있는지

나목이 노래하는 것은

빈 가지 머문 바람
시간을 추스르고

햇살에 씻기어
핏줄이 가려운 걸

아무 것
덧붙이지 않고
스러져 가는 하루

제 뿌리 머문 자리
꿈을 걷어 하늘 보면

잃을 것도 없는데
아쉬운 건 또 무얼까

못 다한
노래를 타고
스멀대는 벌레울음

둥지 떠난 아기 새

영구차가 흔들릴 때
따라 울던 바람소리

스러져가는 세월을 탓함이 아니거늘

덧씌운 인과의 올가미
아
눈이 시리다

잊힌다는 다행으로
억겁을 살아남아

정지된 시간 속을 타오르는 파도여

또 다른
수평을 찾아
둥지 떠난 아기 새

간이역에서

눈길 한 번 주지 않고
열차는 지나쳐도

입가에 머문 햇살 차마 못 떨치고

기다림
하늘에 깔고
봄을 안아 누운 철길

마! 함 해 보입시더

사레들린 몸 추슬러 꿈속에서 헤매다
깨어나면 숨을 쉬고 숨을 쉬다 또 자불고*
그래도
귓가에 맴도는 말
마! 함 해보입시더*

마른 침 삼키다 한 입 가득 문 하늘
씹다가 뱉어내고 뱉어내고 또 씹다가
오늘은
내가 말한다
마! 함 해보자구

사방이 붉게 젖어 제 색깔을 잊은 세상
TV를 껐다 그제야 뵈는 하늘
그 울림
내가 잡았다
아침이 오는 소리

* '졸고'의 사투리
* 야구선수 최동원이 한 말

지리산 단풍

냇물 따라 흘러가던 악보 없는 노래는

계곡 위로 차올라 하늘을 탐하더니

가을의 품속에 갇혀 하늘마저 잊었다

밤이 더 긴 날에

더 잃을 게 무언지
더 얻을 게 무엇인지

서푼어치 삶을 두고 추억은 멱을 감고

잊을 수 있다는 것이
무척이나 고마운 밤

깨어나는 기억들을
애써 씻어내고

가슴 헐어 빈자리에 엄마 얼굴 심어보면

에둘러
타이르는 소리
들리는 듯 마는 듯

12월의 *무제치기

춤을 추던 물줄기는 어디로 숨었는가

꿈결처럼 하얀 자국
바람 한 점 머물고

누군가
수묵화를 그리다
놓쳐버린 겨울 햇살

* 무제치기 : 산청군 삼장면 지리산 자락의 폭포

사람 찾기 힘드네

언필칭 식자라고 긴 하품 하고 나와
믿고 싶은 만큼 거짓 진실 지어내고
무엇이 어떻게 되든 편 가르기 하는 세상

이러한 사람 찾소 무슨 사람 어떻게
달팽이 눈이 될라 차라리 눈 감아도
그림자 거두어들이고 하늘 보면 뵈는 사람

그런 사람은 그냥 스러져만 가는 걸까
온 밤을 삭이면서 가만히 되묻는다
세월을 팽이 돌리다 흩어져간 약속들

꼭두각시

인연의 줄에 달려 세월을 되묻다가

체온을 잃어버린
꿈을 보듬으면

노을은
환한 울음으로
오늘을 토해내고

산길을 벗어나서

단내 나는 삶을 불러 숲에다 던져두고

돌아보긴 왜 돌아봐
가슴에 이는 바람

별리의
책갈피에 끼여
움찔대는 저 노을

시간을 추스르다 손짓 한 번 머문 곳

산 내음에 스멀대는
볕뉘 한 점 성큼 주워

탁발승
흉내를 내며
벗어나는 이 산길

산사에서

사르르 이는 바람 고요에 묻혀가고

제 탓에 못 이기어 일렁대는 작은 소망

석탑은 별빛에 젖어 그림이고 싶어라

까치밥

꽃을 꺾어 품으면
이미 꽃이 아닌 것을

낙엽은 바스러져야
제 이름을 찾게 되고

덩그런 가지에 까치밥
까치는 잊고 있다

곶감 걸린 초가 두고
배회하는 아기 새

내 것이 네 것일까
네 것이 내 것일까

나목을 타고 오르다
미끄러지는 봄기운

겨울나무 이야기

별은 총총한데 달은 뵈지 않고

산등성이 너머로
숨어드는 속삭임

신문지 쏘시개 삼아 아궁이 불을 지핀다

두 눈에 튕겨나는 어지러운 뉴스는

타다 만 장작개비에
뒤척이는 서동요薯童謠

애써서 찾기는 할까 잃어버린 달빛을

벗는다는 것이 수치스러운 일일까

허울을 벗기면
또 다른 허울인데

한 모금 딱 한모금만 숨을 쉬는 겨울나무

추억이라는 것이

기억의 편린들은 순간에 머물러

맴돌다 떠나버리는 철새 같은 걸까

숱한 날
되풀이 하는
용트림 같은 걸까

왕복 값에 받고 보니 「원웨이 티켓」인가

인생의 행간에다 적셔놓을 꿈은 있나

엄마야
우짜믄 좋노
되돌이표는 없고

서운암 산법算法

장독대 사이사이 달빛 가만 스며들고

풍경소리에
짐짓
고개 떨군 할미꽃

너와 나
둘로 갈라 친
이 세상을 어이할꼬

제3부

울음을 웃음으로 울다

아침결에 포구는

갯벌은 도리도리 간지럼에 잦아들고

훌쩍 떠가던 배 은빛 결에 뒤척이네

누굴까
자국을 남겨
내 가슴에 묻힌 이는

노을 지는 저잣거리

햇살 곱게 스민 소쿠리를 들고서
버둥대는 오늘과 먼발치로 작별하는
할멈은 실루엣으로 노을을 안고 섰다

귀에 젖은 저 소리 손주놈 울음소리
실바람 한 점 집어 머리 위에 올려놓고
하루를 재촉하는가 거꾸로 세는 나이

그렇게 살았단다 또 그렇게 살 거고
노을빛 가슴에 아픔을 저며 넣고
돌아서 하늘을 본다 구름 위에 누워본다

별자리 산수算數

밤하늘 꿈을 저어 별자리 헤아리면

산수 시험 치르고
울상 짓던 어린 날이

그림자
외로이 누이고
달빛 안고 서 있다

이 것 저 것 그려 넣어 덧셈만 해나가다

이윽고 불을 지펴
눈 뜬 장님인데

이 나이
어깨가 무거워
뺄셈을 시작했다

달빛 속에 묻힌 정을

잡으려 애쓸수록 멀어져 가는 것을
그럴 사 그럴 새라 주워 담아 보아도
머리만 비워서 뭘 해 채워지지 않는 것을

늦가을 퇴근길에 길고양이 한 마리
무심코 고갤 들어 가리키는 저편에
누군가 쪼그리고 앉아 동냥을 하고 있다

돌아보면 그렇게 가진 것은 없어도
지나온 자국마다 꿈틀대는 사람살이
그래서 퍼 담아보네 달빛 속에 묻힌 정을

이 겨울 술래잡기

이 겨울 비탈길을 약속처럼 걷다가
옷섶에 문득 머문 햇살 한 점 보듬으면
꿈꾸듯
긁어모은 시간들이
바람 따라 흩어진다

헤진 세월 손등에 입맞춤을 해보고
어쩜 혼자라서 덜 외로운 이 길에
메아리
찾아 주워올까
나는 술래라네

이런 세상 이 나이에

무리지어 뒹굴며 한밤을 지피다가

새벽은 오리라 이름 하여 부르다가

얼차려
하늘을 보니
화석이 된 닭 울음

지리산 겨울 별자리

찾아야 할 게 있을까
하늘을 두드리면

산이 나를 덮친다
이 밤
나는 없다

내 속에 떠밀려온 나를
그냥 보고 웃는 별

아스라한 언약
손아귀에 쥔 바람

세월을 풀어헤쳐
어둠은 바장이고

이 겨울
지리산 별자리에
내가 꼭꼭 숨었다

겨울 그리고 강

얼어붙은 네 볼에 가만히 입 맞추고
내 알몸 네 속으로 빠져들고 싶어라
하늘이 강에 부딪쳐 흩어지는 이 겨울

바장이는 내 모습이 측은키나 한 것일까
결 지어 타 내리다 숨을 죽인 인연들
어딘가 누구에겐가 남아있을 부신 체온

얼음장 위 흐트러진 안부는 뒤로 하고
짐짓 물구나무서서 네 속을 훔쳐보면
하늘이 바다로 흘러 봄 볕살을 깨물고

오수를 즐기다가

낯가림에 삐친 꿈을
저만치 두어두고

일용의 양식으로 시집 한 권 꺼내드네

눈썹에
무늬져 내리는
동그란 나의 일상

봄은 봄인데

좋은 일 한 두 개 쯤 보시라도 할 것이지

닫힌 대문 위에
입춘대길立春大吉 건양다경建陽多慶

가슴을
헤집어보니
묻어나는 하얀 바람

*구함이 없는 것이 보시보다 낫다 했나

선잠 깨어 구르는
봄볕에 입 맞추다

입술을
깨물어버렸네
그래
봄은 봄인데

* 無求勝布施 : 趙抃(1008~1084)의 선유문善誘文 趙淸獻公座右銘에서 인용

내 안의 풍경

화전火田을 일구더니
멈칫
둑에 머문 햇살

되돌아 갈 저 하늘은 저리 눈이 부신데

옷섶에
나붓거리는
잊었던 가을바람

석탑의 묵언

헐어진 세월 모퉁이
가만히 키를 키운

작은 인연들이 손때처럼 묻은 석탑

가슴 속 일던 말들이
네 속으로 빨려들고

나는 그저 너 옆에 선 그림이고 싶은데

마른 삶이 남긴 흔적
네 그림자 따라 돌고

울음을
웃음으로 울다
나래 접는 새 한 마리

춘분이라 하네

겨우내 아려오던 생채기를 문지르면

무엇을 얻어 볼까 손아귀에 남는 적막

뒤돌아 헤아려보네 밤과 낮이 엉긴 날들

봄이 가는 이 산길에

삶의 속살 비치는 이 산은 거울인가

풀잎에 바장이는 이슬 맺힌 안부들

잊혔던 자국을 찾아 난 길 벗어 흩어지고

산마루 걸린 구름 손에 담아 굴리며

하늘에 볼 비비는 아이 눈에 담긴 봄

보일 듯 보이지 않고 내 속에 잠든 동심

잠을 설친 머리맡 어머니 손길 같이

내 품에 안기듯 피어나는 아지랑이

신록의 너울을 걷어 흙 내음을 맡아본다

가을 광상곡狂想曲

별리의 즙 배어 있는 어둠을 걷어드니

잊었더란 말인가
스러지는 별빛들

가을밤
나의 노래에는
왜 가을이 없을까

혼자인 듯 함께인 듯 수화로만 나눈 언약

낯선 그리움은
수묵으로 흩어지고

나 혼자
부르는 노래
지우다 만 가을노래

인생 습작 어딘가에

제 탓에 바자워 사슬에 묶인 날들

실컷 울 수 있다면 풀려날 수 있을까

어디든
지나온 자리는
길이 되어 남는 것을

세속의 불빛 헤집어 올려다본 하늘에는

얼어붙은 천둥소리 눈이 멀어 귀가 멀어

체온을
잊은 시간들이
무언극을 하곤 했다.

한 걸음 비켜서면 별빛 저리 영롱한데

내 속의 촛불 하나 잠에서 깨어나고

차라리
당달이 되어
꾸고 싶은 꿈이 있다

귀향

해가 뜨면 뜨나보다
지면 지나보다

한낱 서생書生으로 바라만 보던 세상

보름날
부름 깨물 듯
제 입술을 깨문다

세월의 땀에 절어
대놓고 그린 그림

고향 길 물결 따라 자맥질을 하더니

어둠을
헤치고 드러나는
어머니의 그 미소

사월에 눈이 내리면

흩날리는 성긴 눈발
눈물처럼 받아들고

그대 떠나 빈 가슴에
꽃씨 하나 품었는데

이 봄을
떨치려 하는가
홰를 치는 낮닭이여

제4부
아가야 그게 그렇단다

숙제를 묻다

어제를 채굴하여 오늘로만 살아가다
이것도 숙제라고 걷고 있는 이 길에
정답을
아는지 모르는지
속절없이 지는 노을

난 길을 벗어나면 자유로워지는 걸까
아무렇게 뒹굴다 덥석 안긴 세월의 품
미소는
품앗이로 얻어
달빛에 적셔 가고

그래 그게 정답이다 추억 하나 얼른 주워
하늘을 두드리다 가슴을 문지르면
가만한
숨결이 번져간다
알 것도 같은 세상

그림엽서

- 하나

구름장 사이로
햇살 내리 쏟아지고
환한 부끄럼에
흔들리는 아침바다
해금강 돌아드는 바람에
띄어볼까 꽃잎 하나

- 둘

스러지는 별빛을
차마 쪼아 쌓다
내 안 둥지 튼 새는
제 결에 화석化石인데
물보라 흩어지는 바위기슭
낚시꾼만 한가하다

아가야 그게 그렇단다

살다보면 소용없는 짓을 알면서 하곤 하지

실패의 너울 속에 작은 꿈을 건져내고

어차피 빈손으로 돌아갈 더 큰 꿈을 꾸곤 하지

찔레꽃을 보네

네 꿈꾸던 노래는
세상 밖 일이라도

하얀 꽃잎 하늘대는
그 꿈속 잔상이야

제 새끼 탯줄을 자르고
어미 눈에 맺힌 이슬

독야청청 獨也靑靑

봄이면 봄이라서 새 옷을 갈아입고

남들은 곱게 물들 가을도 꿈꾸는데

내사 마 모난 그 심사 내려놓지 못하고서

상록에 부대끼며 허허실실 보낸 젊음

낙엽 떨군 나목을 어렵사리 훔쳐보고

흙 내음 묻어나는 하늘 손짓 한 번 주어보고

그래 그냥 그렇다고 맥을 걷어 거울 보면

저문 저자 터에 곱게 늙어가는 세월

아
봄은
나목의 가지 끝에
정물화로 서 있고

봄날에

눈이 온다
봄날에
두 눈에 담긴 하늘

너는 없다
봄날에
제 얼굴 가린 하늘

너울 쓴 거지 심사에
은혜처럼 눈이 온다

거울아, 거울아

나무가 숨을 쉬면
숲은 거울이 되네

입김 서린 이 숲을
일상으로 닦아내고

내 모습
비추어 볼까 오른 쪽이
왼 쪽인걸

언제부터
이 세상에
나를
비춰 보았을까

거꾸로 적힌 숫자
거울 속의 오늘들

다 두고
떠나 갈 것을
햇살은
왜
숨어드나

소복素服 아, 그 여인

그날 그 꽃그늘
환한 그늘 먼 미소

수놓듯 새긴 밀어
썰물 되어 빠지고

세월은 낙서로 차올라 바장대는 잊음이여

훔치고 또 닦고 세월을 지워내고
한 그루 나목으로 낙화를 바라보네
결결이 은빛으로 풀리어 나붓대는 저 물결

건 듯 바람일어
언 마음 헤집으면

어둥둥 어허둥둥 우리 아가 웃음 따라

꽃비가 걷히는 구나
일몰이 내리누나

입추 소고

소나기 그치더니 여름이 울먹인다

달빛에 적셔 가는 백일홍 꽃 잎사귀

벼룻길 마중 나온 가을 냇가로만 흘러들고

열매는 여름에 맺어 가을 품에 익는데

열매의 옛 이름을 여름이라 했었지

낙과에 잠들어 있는 씨앗을 깨워본다

이 가을 내 노래는

내 마음의 노래는 능금 빛 숨결일레

몰래 훔친 그리움 햇살 되어 일렁이고

저 하늘 푸른 탓일까 미움 잊은 시새움

거울로 보는 세상

보름 달빛 거두어
그믐달 그려 넣고

너울에 실려 가며 이곳저곳 더듬댄다

저승을
적시는 춤사위로
이승을 달래보고

동무생각

꼽아보니 말복도 몇몇 날이 남았는데

성급하게 가을을 만지작거리는 건

더위가 싫어서가 아니다
낙엽 따라 가버린 놈

제 이름 뺏어들고 훌쩍 먼저 가버렸지

흙으로 돌아가야 할 나뭇잎에 입 맞추면

가을은 천상의 기다림을
뭐라고 이름 할까

이 가을이 쓰는 노래

가을이 써 내려간 악보 없는 노래는

낮달을 두드리다 산자락에 머물더니

날더러
불러보란다
가을이란 반주 없이

하늘이 그림자를 네 노래에 드리우면

물소리 바람소리 밤새 같이 울고

나는야
시샘이라 탓하고
시린 달빛 안아본다

가을 단상

낙엽 위로 노니는 볕살 한 줌 주워서

서툰 시침질로 마주하는 나의 하루

그 속에
잠든 아기를
깨워보고 싶구나

돛배

은빛 미소를 훔친
너는 저문 여인

설움에 떠밀리어 도리 짓는 세월인데

불씨를
가슴에 품고
흔들리는 돛배여

주전자 옆 잔 두 개

오늘 아침 신문에
잘났다 그 웃는 얼굴

거짓도 포장되어
선동煽動으로 깨어나고

내 것도 네 것도 아닌 것을
제 것이라 우기는가

돌 잔에 부으니 돌 술
흙 잔에 부으면 흙 술

주전자 속의 술은
그냥 그저 그 자리

스스로 만든 속박에
주전자 옆 잔 두개

늙은 장터

등 굽은 솔 한 그루
외로움을 떨친 장터

할멈 손에 묻은 봄이 소쿠리에 졸고 있고

나이는 숫자에 불과하다
누가 취해 하는 소리

좋으면 좋은 대로 아니면 아닌 대로
하루 해 고이 접어 다음 장날 꼽아보고
내 새끼 나누어 줄 웃음 차곡차곡 쌓아두고

더는 가져 무엇 해
할멈 등에 누운 장터

울퉁불퉁 무늬 진 내 울음을 거두고

기대어 졸고만 싶어라
봄볕 잠깐 머물 동안

어느 보육원의 소녀

흩날리는 눈 탓일까
일었다 스러지는

사연 없는 그 사연을 체온으로 다독이면

아득한 엄마 품속에 그 겨울이 흩어지고

얼어붙기는 싫어
열심히 숨만 쉬다

꿈을 꾸었나보다 그 겨울 인형의 꿈

소녀는 봄을 깨물어 하늘 저 편 수를 놓고

서낭당 바위

천둥 치던 그 증언을 활화活火로 심어두고

침묵으로만 다스려 표정을 잃어가는

아파도
아플 수 없는
달빛에 덴 상처인가

헝클어진 세월을 우직하게 다듬고서

차라리 그 상처를 달빛에 태워보면

춤추며
눈물로 내리는
큰 바위 얼굴 하나

제5부

이별연습

이별연습 13

떠나면 남길 것을
떠나보내 다 잃고서

세월 풀어 소꿉 살던
그 환한 아픔으로

바램을
잊음에 부치는
어리석은 나의 하루

이별연습 14

책갈피에 끼워 둔
낙엽 하나 꺼내들면

가을은 봄이 되고
봄은 또 가을 되고

수繡 놓아
그 이름 붙들어도
허허실실 흩어지는

이별연습 15

연줄 끊긴 얼레를
열심히도 감아보네

밤이라서
어두워서
나는 없어
꿈만 있어

그림자
잃어버리고
나붓대는 갈개발

이별연습 16

자꾸 나를 따라와서
내 것이라 여기고

나무 올라 장대 저어
따고 싶던 보름달

오늘 밤
강강술래 춤 속에
나는 무얼 찾을까

이별연습 17

옛일 가지런히
잘 차려진 밥상에

서툰 젓가락질로
떨어뜨린 한 점 아픔

당신의
환한 울음 뒤로
나를 숨긴 가을비

이별연습 18

세월을 훔친 손때
지우기엔 너무 아파

내 안 작은 샘터
꽃잎으로 지는 낙엽

아직도
네 그림자를
나는 보지 못하고

이별연습 19

중천에 뜬 보름달에
애써 고개 돌리고

동편 하늘 저 쪽
깜박이는 별을 본다

당신의
발자국 소리
걷히는 벌레 울음

이별연습 20

베갯머리 적시는
달빛을 훔쳐대다

뒤척이던 심사를
창밖으로 밀어내면

새벽은
짐짓 보란 듯이
애써 달빛 감추네

이별연습 21

집 떠난 밤을 불러 다독거려 재우다가

머리맡에 바장이는 새벽이 안쓰러워

어둠을 지피던 노래를 창밖으로 밀어낸다

이별연습 22

계절을 잊은 자리
햇살이 멈칫대면

흩어졌던 시간들을 애써 주워보다

거울 속
하늘을 닮아
오늘이라 써본다

이별연습 23

잠깐 눈 좀 붙이려다 아예 잠이 들고

그러다 깨어나면 미움도 정이 되고

차라리 이 겨울을 거두어 눈꺼풀에 숨길까

이별연습 24

가슴을 헤집어서
끄집어 낸 정들이

눈이 시리도록 파랗게 다듬긴 날

소나무
가지에 이는
그냥 저 바람소리

〈작품해설〉

원로의 깊고 고요한 사색
-김일우 시인의 경우-

임종찬
(부산대 명예교수·시조시인)

　우리 영혼이 늙고 병들지 않게 하면서 세속적 구속과 압박의 족쇄를 풀어주는 것은 예술만한 것이 없다. 예술을 대하는 순간 예술은 사물과의 선한 대화를 하게하고, 권태를 제공하는 일상을 물리치게 하고, 삶의 자유를 느끼게 한다.
　교향곡의 연주를 듣는 순간은 음악 소리에 파묻혀 직장 걱정, 자식 걱정 같은 자잘한 근심은 사라지고 또 다른 행복한 내가 새로 탄생하여 음악의 파도 소리에 감동한다.
　교향곡은 악기 소리뿐 말이 없다. 풍경이 없다. 다만 음악이 흐를 뿐인데 사람들은 음악을 통해 시냇물 소리를 듣고 새 소리를 듣고 심지어는 천둥소리를 듣고 운명의 발자국 소리마저 듣는다. 그리고 음악에 홀려

아름다운 그림을 그리기도 한다.

 시인 역시 사물에서 여태 보지 못하고 듣지 못한 상황을 상상력을 동원하여 새롭게 사물을 만들어 독자에게 던져 준다. 독자가 시를 읽는 순간, 시인이 말을 멈춘 그 자리에 독자는 자기 상상력을 발휘하여 시인의 말보다 더 튼튼한 작품을 만들고서는 그 시의 현장에 들어가 감동하려 한다.

 그렇다면 김일우 시인의 시적 발언은 무슨 상상으로 우리를 놀라게 하는가. 우리는 그의 시에서 무엇을 발견해 내어 그의 시조를 내 것으로 만들 수 있는가를 알아 볼 차례다.

I 성장을 위한 허물벗기

 국가는 개인의 사적 영역이 확장된 공적 영역이면서 개인을 보호하는 울타리다. 개인과 집단의 질서를 잡기 위해 법이라는 폭력으로 안정을 도모하여야 하는 임무가 국가에게는 있다. 국가 운영의 실체는 정치다.

 한국은 그간 산업화, 민주화, 선진화를 진행하였다. 그러나 현실의 정치는 구태와 낡은 문법에서 벗어나지 못하였음에도 선진국으로 이행이 완성된 양 꿈을 꾸었다.

> 어둠 속 홰를 치는 이 세월이 민망해서
>
> 표정 없는 반달을 애써 보듬으면
>
> 한 꺼풀
> 벗어버린 기억이
> 냇물에 잠겨 들고
>
> 바람 소리 하나에도 알몸으로 흔들리던
>
> 그 환한 부끄럼을 밀물처럼 들이쉬다
>
> 돌아갈
> 길은 어딘가
> 장승처럼 나는 서고
>
> - 「귀책사유歸責事由 없음」 전문

귀책사유歸責事由는 민법상의 개념이다. 책임져야 하는 사유가 발생했을 때 생기는 법적 책임 소재다. 귀책사유가 없는 경우도 있다. 천재지변이나 전쟁으로 인한 불가항력적 요건일 경우다. 이 시조에 등장하는 핵심 단어는 「귀책사유가 없다」라는 제목이다. 그렇다면 책임져야 할 일이 없어졌다는 말이다. 그 다음은 부끄러움이란 단어다. 왜 부끄러운가. 책임 소재가 불분명하여 누구에게 책임전가가 어렵다는 말일까. 무엇보다 의미를 던지는 말은 '어둠 속 홰를 치는 이 세월이 민망해'하는 작중화자의 발언은 어둠을 걷어낼 장닭의 울음처럼 당연이 존재해야 할 세월과는 상반된 상황 앞에서 자신의 고민은 때 묻지 않은 유년의 눈으로 보고 있다는 말이다. '유년의 소환'이란 부제는 이럴 때 해석상 유효하다. 유년기는 사회를 투시할 힘이 부족한 시기다. 그렇다면 우리는 아직 유년기의 시각으로 세상을 본다는 걸까. 다음의 작품이 문제다.

길을 잃은 달빛이 봉창을 두드리면

문득 마주하는 우리나라 먼 나라

인고의
책장을 넘기네
껌벅대는 새벽별

내가 잃은 꿈이라면 찾기라도 해보고
행여 잊힌 꿈이라면 불러도 보겠는데
달빛에 허울만 남아 꿈은 꿈이 아니더라

잃어버린 새벽을 어디에서 찾을까

선산 등 굽은 나무 이파리에 미동하는

침묵의
함성을 불러
소환하고
달빛을

- 「귀책사유歸責事由 있음」 전문

「달빛 소환」이란 부제가 붙은 작품이다. 핵심 장은 '우리나라 먼 나라'란 말과 '달빛에 허울만 남아 꿈은 꿈이 아니더라'이다. 허울은 실속이 없는 빈껍데기란 뜻이다. 현재 대로를 초월하여 허울이 아닌 진실을 구가하는 세상 구경을 원한다는 말 아닌가.

매미나 뱀이 성장을 위해서는 허물을 벗어야 하듯이 허울이란 가식이고 이것을 벗어버리는 것을 두고 혁신(innovation)이라 말한다. 혁신이란 말의 어원은 15C 라틴어 Innovatio에서 비롯되었다. in은 '안으로' nova는 '새로운'의 뜻이다. 겉으로의 껍질이 아니라 안으로부터의 새로움이 나타나는 이것을 혁신이라 한다. 한자의 혁신革新은 낡은 가죽을 벗겨내어 새로움으로 모양 짓는 것을 말한다.

혁신이 작동하지 않음에 대해 불평을 의미하는 말들은 여러 곳 있다. '침묵의 함성' '잃어버린 새벽'이 의

미하는 말들은 침묵을 강요당하고 실재해야 할 당위를 잃어버렸다는 것이다. 새 날을 여는 새벽이 사라진 현실을 안타까워한다. 존재해야 할 그 어떤 것의 결핍을 김 시인은 이렇게 말하고 있다.

정치와 정책이 엇박자를 내고 있음을 고발하는 눈치 같다. 국민소득 수준으로 봐서는 선진국 대열에 진입했다고들 하지만, 선진국이라는 몽환적 자족감에 갇혀 있을 뿐 한국 정치는 그렇지 않음을 고발하는 것 같다. 이런 현상을 누구의 책임 소재로 내몰 수도 없음을, 설령 그 책임 소재를 누구에게 의미 지운다 해도 이것과 저것 모두가 우리 자신들의 책임 소재이므로 있음도 없음도 무의미함을 이렇게 표현하는 것 같지 않는가. 우리 모두의 어리석음으로 귀착된 현실을 고발하는 것 같지 않는가.

> 금이 간 거울에다
> 남은 속을 비춰 보다
>
> 친숙해진 어둠을 애써 밀어내면
>
> 장터에
> 떨이로 남은
> 꿈은 누구 몫일까
>
>   - 「여생餘生이란 것이」 전문

금이 간 거울 앞의 피사체는 일그러져 나타난다. 부당한 현실이란 거울은 진실한 영상을 제공하지 못한다. 통상관례의 친숙이 어느새 만연되어 무관심으로 익숙해져 있는 이것에 시인은 저항하는 몸짓이다. 이런 현상을 어둠이라 했고, 이것을 밀어내려는 노력의 필요를 발언하고 있다. 이건 하루 장사 막판의 떨이로 전락한 현실이라 하면서 이런 현상을 무섭게 노려보고 있는 시인의 눈이 매섭다.

    서로 다른 꿈을 꾸다 깨어보면 같은 아침
    눈이 부신 것은 눈(雪) 탓만이 아닌 것을

    바람이
    지나고 있다
    꿈결처럼 하얀 자국

    저잣거리 뒹구는 이름 하나 얼른 주워
    입덧이 난 추억을 덧씌워 문지르면

    자꾸만
    돌아가라 하네
    내 인생에 놓인 악보
                        -「눈 오는 날의 되돌이표」 전문

삶의 저잣거리에 제값을 받지 못하고 내동댕이쳐진 상품 같은 삶에게 현실의 명령은 되돌아가라(포기하라)는 압력이었다. 여기에 화자는 절망의 기색을 보이고 있다.

김일우 시인의 작품 한 부분은 현실에 부적응한 화자의 슬픔 같은 것이 녹여있고 화를 감춘 분노가 녹여 있다. 저항의 깃발을 들지는 않았지만 그것의 모순을 눈 감지 못하는 분노와 슬픔 같은 것이 보인다.

> 제 탓에
> 허허거리는 저 풀들을 어쩌나
>
> 숫자가 뭐라고 제멋대로 뜻을 바꿔
> 제 탓과 남의 탓을 거꾸로 읽고 있는
>
> 아 오늘
> 여의도 상공에 가나다라마바사
>
> 살림살이 쪼들려도 하늘 탓만 하지 않고
> 품을 단어 하나 찾아 떠도는 민초들을
>
> 어쩌나
> 이름 그대로 불러줄 이 없으니
> ―「국어사전이 기가 막혀」일부

'풀'은 민초를 의미한다. 숫자란 정해진 규칙이고 이것을 고친다는 것은 부정행위다. 여의도엔 국회의사당이 있는 곳이고 여기서 벌이지는 민의와 다른 진행을 두고 개탄하는 내용이다.

국어사전은 우리말의 정확한 뜻이 실려 있는 책이다. 개인의 사적 언어가 용납되지 않고 객관적 의미들이 담겨 있다. '국어사전이 기가 막혀'버린다는 건 객관성의 결여를 말한다. 정의롭지 않은 월권적 사례가 횡행하는 경우를 개탄한다고 볼 수 있다.

이처럼 김 시인의 시조 속에는 현실적 모순을 직시한 내용들이 많다.

II 세월의 관조, 신성한 늙음

짙은 오렌지색 승려복을 입고 공양 바릿대를 들고 거리를 배회하는 인도 승려나 유행승(sannyasin)을 보는 사람들은 그들 모습을 처량함으로 읽지 않는다. 우리 견해를 초월한 영적인 성숙의 존재자로 영접하고 그들을 정중히 대접한다.

영적인 성숙은 상실과 단절을 초월하여 영원한 것과의 내통을 꿈 꾼다고 할 수 있다. 이만한 깊이는 아니라

해도 늙음은 개별적 관심을 떠나 영혼의 호(arc)를 그릴 줄 아는 나이다. 슬픔, 적개심, 원망, 분노, 실망 같은 감정의 풍파에 쉽게 흔들리지 않음이 늙음이 주는 노숙함이다.

 한 걸음 물러서서 내 인생을 바라보면 내 과거는 단절할 수 없는 사소한 것들의 연관들이었다. 인연의 끈들이 엉킨 젊은 날들은 그런 대로의 가치라면 이젠 삶의 단출함으로 새 단장을 하면서 노년의 무탈한 경지에 맛 들여 사는 나이가 늙음이 주는 장점이다.

  등 굽은 솔 한 그루
  외로움을 떨친 장터

  할멈 손에 묻은 봄이 소쿠리에 졸고 있고

  나이는 숫자에 불과하다
  누가 취해 하는 소리

  좋으면 좋은 대로 아니면 아닌 대로
  하루 해 고이 접어 다음 장날 꼽아보고
  내 새끼 나누어 줄 웃음 차곡차곡 쌓아두고

  더는 가져 무엇 해
  할멈 등에 누운 장터

울퉁불퉁 무늬 진 내 울음을 거두고

기대어 졸고만 싶어라
봄볕 잠깐 머물 동안

- 「늙은 장터」 전문

「늙은 장터」는 어떤 풍경일까. 등 굽은 소나무가 한 그루 서 있고, 외로움이 떨치고 있는 한적한 풍경, 늙은 할머니가 손자에게 용돈 던져줄 셈으로 이것저것 늘어놓고 파는 시골 장터, 여기에 등장한 늙은 할머니는 현실의 부대낌도 안타까움도 없고, 다만 소쿠리에 봄나물 같은 것들이 한가롭게 담겨 있을 뿐이다. 김 시인 자신이 이런 한적한 장터의 시골 할머니 모습으로 오늘을 살고 있음을 간접적으로 고백하는 것 같다. 그런 삶의 주인공으로 살고 싶은 눈치다.

시간은 남의 편이 아닌 내 편이라 오늘 장이 시원찮으면 다음 장을 기대할 뿐 걱정 없는 노년의 할머니는 그저 세월을 셈으로 따지지 않는 여유를 보이고 있다. 결핍을 모르는 시골 장터 할머니를 애써 등장 시킨 이유는 자신의 삶을 넘침과 모자람이 없는 여유 공간으로 채우고 싶은 태도가 확실하다.

살다 보면 소용없는 짓을 알면서 하곤 하지

실패의 너울 속에 작은 꿈을 건져내고

어차피 빈손으로 돌아갈 더 큰 꿈을 꾸곤 하지
　　　　　　　　　　　-「아가야 그게 그렇단다」 전문

  나이 듦의 old란 단어는 라틴어 alere에서 파생한 단어다. alere는 '영양분을 주다'의 nourish를 의미한다. 노년은 삶을 통해 영양을 많이 흡수하여 여태까지와는 다른 활기로 살 수 있는 시기다. 새로운 삶의 출발이 노년이다.

  '아가야'는 아직 삶의 영양을 갖지 못했으므로 무수한 시행착오를 겪은 뒤 비로소 삶의 영양을 갖게 된다. 이런 삶의 철학으로 '아가야'를 동원하고 있지만 기실은 아직도 영양이 부족한 '아가야' 같은 자신을 두고 자신을 타이르는 말 같이 들린다.

봄이면 봄이라서 새 옷을 갈아입고

남들은 곱게 물들 가을도 꿈꾸는데

내사 마 모난 그 심사 내려놓지 못하고서

상록에 부대끼며 허허실실 보낸 젊음

낙엽 떨군 나목을 어렵사리 훔쳐보고

흙 내음 묻어나는 하늘 손짓 한 번 주어보고

그래 그냥 그렇다고 맥을 걷어 거울 보면

저문 저자 터에 곱게 늙어가는 세월

아
봄은
나목의 가지 끝에
정물화로 서 있고

- 「독야청청獨也靑靑」 전문

  늙음은 생의 완성 단계라는 의미가 숨어 있다. '저문 저자 터에 곱게 늙어가는 세월'에서 알 수 있듯이 해 저문 하늘에 붉게 타는 노을, 후회도 미련도 다 잎으로 떨군 '나목' 같은 자신의 현존을 정물화라 자청했다.
  김 시인은 현재적 삶을 만족하면서 모자람도 넘침도 없는 독야청청의 푸른 꿈을 꾸는 욕심 많은 시인임을 알 것 같다.

Ⅲ 혼자만의 고독 공간 확보

프로이드는 인간의 성장 과정은 욕망에서 비롯된다고 하였다. 욕망이 억압당하면 당할수록 인간은 성숙해지고 사회는 문명화된다고 본 것이다. 이것에 기초하여 들뢰즈는 프로이드와 달리 욕망을 '실체가 없는 기계'라 하면서 끊임없이 자기 증식을 꾀하는 무의식적 욕망의 연쇄작용을 인간은 행사한다는 것이다. 그래서 인간을 '욕망하는 기계'라 명명했다. 그리고 인간은 연결과 단절을 반복하면서 성장한다고 했다.

들뢰즈는 채워도 또 다른 결핍 때문에 욕망을 계속한다는 것인데 이것은 마치 정주定住가 없는 유목적(nomadic)인 인간의 무의식을 의미한다고 해서 '욕망하는 기계'라 한 것이다.

  떠나면 남길 것을
  떠나보내 다 잃고서

  세월 풀어 소꿉 살던
  그 환한 아픔으로

  바램을
  잊음에 부치는
  어리석은 나의 하루

        - 「이별연습 13」 전문

상실을 결손이 아니라 환한 아픔으로 치환하면서 보고 있다. 이럴 때 미련이라는 바램을, 잊음으로 생각해야 함에도 이런 행위를 남겨두어야 할 일로 처분하는 게 어리석음이라 단정한다. 미련도 재산으로 남겨두어야 할 일이라 생각한 이것이 어리석다는 눈치다. 김 시인은 이런 정신과도 이별하고 싶어 한다.

> 책갈피에 끼워 둔
> 낙엽 하나 꺼내들면
>
> 가을은 봄이 되고
> 봄은 또 가을 되고
>
> 수繡 놓아
> 그 이름 붙들어도
> 허허실실 흩어지는
> - 「이별연습 14」 전문

계절은 다만 시간의 흐름일 뿐이고 여기에 편승된 인연들 또한 한 순간에 나부끼는 실낱일 뿐이다. 김 시인은 어쩌다 책갈피에 끼워놓은 아름다운 채색의 나뭇잎을 발견하는 우연한 사건 앞에 이미 기억 속에서 가물거리는 과거를 우연히 발견한다. 그러나 자신 내부에 장착된 과거들로부터 자신은 유리된 현실에 살고 있음을 확인한다.

> 자꾸 나를 따라와서
> 내 것이라 여기고
>
> 나무 올라 장대 저어
> 따고 싶던 보름달
>
> 오늘 밤
> 강강술래 춤 속에
> 나는 무얼 찾을까
>
> - 「이별연습 16」 전문

 보름달은 누구와 인연을 맺고 싶어 하는 실체라 인정하고 있다. 달 같은 인연을 따서 가지고 싶은 욕망을 가졌던 유년 시절을 상기하고 있다. 보름달이 뜨면 그때의 순수한 욕망의 바람이 다시 살아나 무언가 인연의 실 끝을 두리번거리는 보름달이 되곤 한다는 말이다. 이젠 그 순수한 어릴 적 욕망과도 절연된 상태에 서 있는 자신을 보름달에 빗대고 있다.

> 옛일 가지런히
> 잘 차려진 밥상에

서툰 젓가락질로
떨어뜨린 한 점 아픔

당신의
환한 울음 뒤로
나를 숨긴 가을비

- 「이별연습 17」 전문

 김 시인은 잠시 잠깐 잊었던 유년기의 기억 속에서 자신만의 원시 영토 위를 걸으려 한다. 거기엔 툰드라에 피는 이끼 같은 태초의 순수가 살아 있던 날의 기억이 살고 있지만 이것과도 이별하고 있음을 확인한다. 이런 경우를 가을비에 젖어 흔적이 사라질 안타까움이라 하고 '환한 울음'이라 한 것일까. 아니면 만연하고 있는 욕망의 추구에서 벗어나는 이별 선언을 하면서 나름의 새로운 영토 확장을 위해 세상으로부터 스스로를 유리시키고 싶은 고독을 꿈꾸는 것일까.

 이것도 아니라면 과거로부터 자유인으로 행세할 참일 수도 있다. '내려놓기' 이것은 자신을 둘러싸고 있던 과거를 떠나보내고 싶은 심정, 입석하고 있는 버스 간에서 곧 목표지점에 당도해야 하는 시간 앞에 굳이 앉아야 할 이유를 상실한 입장처럼 자기 인생을 버텨 내려는 것일까.

중천에 뜬 보름달에
애써 고개 돌리고

동편 하늘 저 쪽
깜박이는 별을 본다

당신의
발자국 소리
걷히는 벌레울음

- 「이별연습19」 전문

중심어는 '당신'이란 존재다. 그것은 인간 간의 실체일 수 있다. 그러나 보름달 같던 존재가 '깜박이는 별'로 하락하는 시적 발언으로 보면 자기 운명의 감지로도 볼 수 있다.

여하간 김 시인의 이별을 연습하는 시조들이 많은 것은 부산했던 과거로부터 탈출하여 혼자만의 고독한 순간을 갖고자 하는 것 같다. 이미 내 곁을 떠난 아름다운 우정들을 기억하기조차 버겁다면 이제 이런 기억을 방면해야 할 시간에 당도하였다는 자기 판단이 선 셈이다.

내려놓기 좋은 경계의 시간(liminal time)에 임한 나이라면 자신의 정신 건강에 도움 되지 않는 과거를 지워버려야 한다. 한때 잘나갔던 시간들을 현재화하는 것이 위험한 노릇인 줄을 알아야 하고, 별것 아닌 성과를 과

포장하여 스스로를 대견시하였던 과거의 부질없음도 반성해야 한다.

김 시인은 인연으로부터 독립선언을 하고 싶어 하면서 부유와 빈곤, 인종, 민족, 종교 등 이해관계의 절차마저 단절한 자유지상주의자(libertarian)이고 싶어한다. 만연해 있는 소비사회 속에 인간은 물건을 효용가치보다 기호품으로 소비하는 허황한 세계와도 이별을 하고 싶어 하는 심정도 그의 시조 곳곳에 나타난다. 그리하여 과거와 이별을 선언하면서 스스로 고독의 주인으로 살기를 희망하는 욕심쟁이가 바로 김일우 시인이다.

가을은 열매가 익는 계절이다. 김일우 시인은 인생의 가을 무렵에 당도하고부터 그의 시조엔 무르익은 단내가 풍긴다. 비로소 완숙完熟과 원숙圓熟의 경지에서 이번 시조집을 준비한 것은 틀림 없다. 노년에 이르면 내면의 성숙이 진행되어 보다 나은 영혼의 세계를 가진다. 인간은 늙기만 하는 것이 아니라 번잡함을 증발시켜 지적 성숙으로의 원로(Elder)로서 깊고 고요함에 안착하는 것이다.

김 시인의 시조에는 이러한 원로로서의 자리 잡음이 느껴진다.

김일우 시조집

국어사전이 기가 막혀

초판1쇄 발행 2025년 10월 31일

지은이 김일우
펴낸이 이길안
펴낸곳 세종출판사

주소 부산광역시 중구 흑교로 71번길 12 (보수동2가)
전화 051-463-5898, 253-2213~5
팩스 051-248-4880
전자우편 sjpl5898@daum.net
출판등록 제02-01-96

ISBN 979-11-5979-821-4 03810

정가 13,000원

이 책은 저작권법에 따라 보호받는 저작물이므로 무단전재와 무단복제를 금지하며,
이 책 내용의 전부 또는 일부 내용을 재사용하려면 사전에 저작권자와 세종출판사의
동의를 받아야 합니다.

* 잘못된 책은 교환해 드립니다.